Alfred Ritter von Vivenot

# Korssakoff und der Beteiligung der Russen an der Schlacht bei Zürich

Verone

Alfred Ritter von Vivenot

# Korssakoff und der Beteiligung der Russen an der Schlacht bei Zürich

1st Edition | ISBN: 978-9-92500-076-0

Place of Publication: Nikosia, Cyprus

Erscheinungsjahr: 2016

TP Verone Publishing House Ltd.

Nachdruck des Originals von 1869.

Hochansehnliche, hochgeehrte Versammlung!

Das löbl. Comité hat mir die Ehre erwiesen mich aufzufordern, die Serie der Winter-Vorträge in unserem wissenschaftlichen Verein zu eröffnen. Indem ich dieser Aufforderung nachkomme, kann ich mir nicht verhehlen, wie vieler Nachsicht ich von Seite eines so ausgezeichneten Auditoriums bedarf. Die freundliche Aufnahme, die ein früherer Vortrag in diesen Räumen gefunden hat, lässt mich jedoch hoffen, dass mir dies Wohlwollen auch heute entgegen gebracht wird, und ich gehe deshalb sofort zu meinem Gegenstande über.

Als ich an dieser Stelle gelegentlich meines letzten Vortrages die Ehre hatte, Sie, meine Herren, in die 90er Jahre des vergangenen Jahrhunderts zurückzuführen, geschah dies mit der ausgesprochenen Absicht, Ihnen das Gefühl der Befriedigung mitempfinden zu lassen, das in meiner Brust wach wird, wenn ich jener grossen und gewaltigen Zeit gedenke, in welcher ich auf den österreichischen Fahnen die Worte „Standhaftigkeit und Beharrlichkeit im Erreichen grosser Ziele" lese. Was mich betrifft, so habe ich immer in der Geschichte der 90er Jahre den heilkräftigen Talisman gegen die in der Gegenwart unserem Vaterlande geschlagenen Wunden gefunden, und wer in den Geist dieser 90er Jahre eindringt, wird gleich mir in ihnen, nach den tiefsten Erschütterungen unglückschwangerer Zeiten, eine unversiegbare Quelle lebendiger Hoffnungen für Österreichs Zukunft entdecken.

Im April dieses Jahres habe ich Ihnen, meine verehrten Herren, eine Parallele zwischen zwei österreichische Feldherren vorgeführt, die lebhaft an den Ausspruch des alten Römers erinnert:

*Haec est bellorum pessima conditio: prospera omnes sibi vindicant; adversa uni soli imputantur!*

„Das ist das Schlimmste bei der Kriegführung: Den Erfolg schreiben sich Alle selbst zu, das Unglück wird einem Einzelnen aufgebürdet." In diesem Satz liegt eine Wahrheit, welche von der Geschichte durchwegs bestätigt wird.

Was ich Ihnen damals vorzutragen die Ehre hatte, schien mir ein erhebenderer Stoff, als mein heutiger Vortrag. Es war eine Tragödie, reich an glücklichen und unglücklichen Episoden: — die Erstürmung der Mainzer Contravallationslinien und der Fall von Mantua! Es waren die glücklichen

Jahre 1795 und 1796, deren Früchte leider im Jahre 1797 zu Leoben und Campo Formio verloren gehen sollten. Aber nach dem tiefen Sturz, welchen unser militärischer Ruhm bei Arcole und Rivoli erlitt, erhebt uns schon nach wenigen Jahren wieder ein mächtiger, wunderbarer Aufschwung! Magnano, Stockach, Ostrach! Nach entsetzlichen Niederlagen — die ruhmwürdigsten Siege! Unsere, zur Zeit von Campo Formio verhöhnten Adler werden neuerdings im Siegeslauf des unvergesslichen Erzherzogs an den Rhein und in die Schweiz getragen, und in Italien theilt der stürmische Suworow mit einem Häuflein Russen die Lorbeeren, die sich unsere Armeen unter Kray und Melas zu erringen wussten!

Indem ich mir für eine andere Gelegenheit die Schilderung der österreichischen Heereszüge von 1799 und 1800 vorbehalte, gehe ich nach dieser kurzen Einleitung, die ich dem angeregten Stoff zu Gute zu halten bitte, auf unsere russischen Freunde von 1799 über. Denn eine Episode aus dieser russischen Bundesgenossenschaft ist eigentlich das Thema meines heutigen Vortrages. Dieses Thema wäre neu und unerschöpflich, wollte man z. B. untersuchen, wieviel uns der Russe Suworow als österreichischer Marschall geschadet hat; wie wenig Nutzen die österreichische Regierung von diesem begabten, aber höchst perfiden Freund gezogen; endlich wie wenig Suworow überhaupt den Nimbus verdient, den man ihm zumeist auf Kosten der österreichischen Generale und der österreichischen Waffenehre bisher zuerkannte. Ferne sei es von mir, an wahrer Grösse zu rütteln! Suworow war einer der bedeutendsten Feldherrn Russlands, und es ist nur billig, wenn ihm die Russen Monumente setzen. Für Österreich aber, meine Herren, war dieser russische Feldherr ein grosses Unglück, und von uns Österreichern hat er keinen Dank verdient. Wer diesen Ausspruch nach den glorreichen Siegen in Italien, die von österreichischen Truppen unter Suworow's Commando geschlagen wurden, paradox findet, den verweise ich einfach auf die einseitige Darstellung des russischen Obersten Miliutin, nach dessen fünfbändigem Werke über den Feldzug von 1799 es für denjenigen, der Urkunden zu lesen versteht, gar keinem Zweifel unterliegt, dass die Russen nach Deutschland und Italien zogen, nicht um uns als treue Alliirte zu helfen, sondern um uns in ihrer Verblendung und in ihrem verderblichen Neid gegen das Anwachsen und die Präponderanz der österreichischen Macht in Europa, um die blutigen Früchte aller unserer eigenen Anstrengungen zu bringen. Das gefeierte Werk Miliutins, meine Herren, ist in einer Weise gegen das verbündete Österreich voreingenommen, dass Sie mit mir darüber wie billig erstaunen werden, wie es so lange von österreichischer Seite ohne Widerlegung bleiben konnte, da doch Jedem, bei der allerflüchtigsten Lectüre zwei Dinge auffallen müssen: 1. die grosse Unkenntniss der Zielpunkte der österreichischen Politik. 2. die perfide Verkennung und Verunstaltung der einfachsten Thatsachen, sobald sie auf Österreich ein günstiges Streiflicht werfen könnten. — Ich glaube hier eine Frage von nicht ganz ungewöhnlicher Bedeutung angeregt zu haben, denn das glänzende Auditorium, welches ich heute hier versammelt sehe, wird sicherlich mit mir darin einverstanden sein, dass wir Österreicher es durchaus nicht mehr nöthig haben, unsere Geschichte von allen Seiten verlästern zu lassen, am allerwenigsten aber von den Russen des Jahres 1799, da doch sie es waren und nicht wir, die, mit Ausnahme — doch nein — ohne Ausnahme, und selbst mit ihrem bedeutenden Feldherrn Suworow, in diesem Feldzuge die traurigste Rolle gespielt haben.

Und was war das für ein Feldzug, meine Herren? Es war einer der furchtbarsten, der merkwürdigsten Kriege von dem die Geschichte zu erzählen weiss, — ein Krieg, der durch die blutigen Tage von Magnano, Stockach, Ostrach, Zürich, Piacenza, Novi, Marengo und Hohenlinden für die Nachwelt unvergesslich geworden ist! Von der Küste Bataviens, vom deutschen Meer bis an den Golf von Neapel brandeten die Fluten dieses gewaltigen Kampfes; an den tosenden Strömen der lombardischen Gefilde wurde noch einmal um den Besitz Italiens blutig gestritten; in den Alpenschluchten der Schweiz, auf Gletschern und in Gebirgspässen, in welchen sonst nur Gemsen und Adler zu hausen pflegen, sehen wir Armeen lagern — Schlachten liefern! Das fallende deutsche Kaiserthum in Österreich, gross und mächtig gehoben vom Geiste eines seiner bedeutendsten Staatsmänner: der letzte deutsche Kaiser, vom Freiherrn von Thugut treu und gut berathen, erschloss noch Einmal alle Hilfsquellen seiner getreuen Erblande, um mit österreichischem Blut das deutsche Reich vor seinem gänzlichen Untergang zu bewahren, seinen Thron und seinen Reichen die Unabhängigkeit und Freiheit zu behaupten und die Krone Karls des Grossen dem Hause Habsburg so zu bewahren, wie sie ihm die Vorsehung anvertraut hatte!

Niemals noch hatte Österreich eine so zahlreiche Armee aufgestellt — niemals seit dem Beginn der Revolutionskriege wurden so glorreiche Feldherrn-Namen an die Spitze unserer Armeen berufen, — niemals begrüsste die österreichische Politik mit aufrichtigeren und uneigennützigeren Wünschen für Europa's Wohl die Namen fremder Feldherrn, wie jene Suworow's und Korssakoff's! Endlich sollten in Wirklichkeit die russischen Truppen vereint mit denen Österreichs kämpfen. Die Hilfe Russlands, von der grossen Katharina in bindenden Verträgen seit 7 Jahren versprochen, die russische Waffenhilfe, die von 1792 bis 1799 nur eine Lockspeise schien, um unter dem Deckmantel trügerischer Versprechen dem deutschen Reich und der österreichischen Monarchie ein moskowitisches Grabgeläute zu geben, sie wurde endlich unter ihrem Nachfolger Paul I im Jahre 1799 durch den Anmarsch der gewaltigen russischen Heeressäulen zur vollendeten Thatsache. Allein, nie sind leider schönere und berechtigtere Hoffnungen schmählicher getäuscht worden als die Hoffnungen, die Österreich auf diese Hilfe zu bauen berechtigt schien.

Allerdings, wenn wir dem russischen Obersten Miliutin glauben sollen, rührt Alles Gute, was im Feldzuge 1799 geschehen ist, von den Russen her, und Alles Schlechte von den Österreichern. Vor dieser Auffassung und vor Miliutin, nach dessen Quellenwerk in unseren Kriegsschulen docirt wird, nachdrücklichst zu warnen, ist Zweck und Ziel meines heutigen Vortrages. Vielleicht wird es mir selbst einmal vergönnt werden, das Gegentheil nach urkundlichem Material zu beweisen und den russischen Urkunden österreichische Urkunden entgegenzustellen. Um Ihnen aber, meine Herren, heute schon einen Begriff davon zu geben, wie diese russische Hilfe eigentlich beschaffen war, greife ich auf eine Episode dieses grossen Kampfes, und zwar nur auf eine einzige Schlacht zurück, in welcher die Russen sich selbst überlassen waren, und in welcher es selbst für Miliutin schwer wird einen Grund zu finden, um das vollendete Missgeschick den unglücklichen Dispositionen des Hofkriegsrathes, oder der österreichischen Missgunst, oder endlich dem Zerwürfniss der Cabinete zuzuschreiben. Es ist dies die zweite Schlacht von Zürich, welche am 25. und 26. September des Jahres 1799 geschlagen wurde. Bei der Analyse derselben werde ich mich jedes eigenen Urtheils möglichst enthalten. Es ist mir nicht darum zu thun, über das Unglück des Verbündeten schadenfrohen Bericht zu erstatten, sondern einfach um die Beantwortung der Frage: Was war für Österreich und das deutsche Reich im Allgemeinen, und für die Coalition in ihrer Gesammtheit, von Truppen und Feldherrn zu erwarten, die so verkehrt beschaffen waren wie diese Russen? Denn Korssakoff und sein Corps repräsentirten einen ansehnlichen Theil, von dem man auf das Ganze schliessen kann; nach Miliutin bestand gerade dieses Corps aus der Blüte der russischen Armee; der Commandant desselben, Fürst Rimski-Korssakoff, galt nach dem russischen Autor für einen der erfahrensten Generale seines Landes, für einen Mann von hoher Bildung und grosser Charakterstärke.

Nur auf die Erzählung von Thatsachen beschränke ich also meine heutige Studie, die ich zum Theil actenmässigen Aufzeichnungen eines begabten Zeitgenossen verdanke, — der im Jahre 1799 der Korssakoff'schen Armee als österreichischer Felddiplomat zugetheilt war und erst im Jahre 1848 als österreichischer Minister des Äussern seine amtliche Carrière schloss — des Freiherrn von Wessenberg.

Ende August hatte der Erzherzog Karl seinen Gegner Massena auf allen Punkten zurückgedrängt und überliess dem Fürsten Korssakoff die Kriegsoperationen in der Schweiz. Die Österreicher übergaben am 28. die Früchte ihrer Siege, das Resultat einer fünfmonatlichen Anstrengung, russischen Händen. Nur General Hotze blieb in den kleinen Ur-Cantonen und bewachte mit einem aus Österreichern und Schweizern zusammengesetzten Corps die mühsam errungenen Positionen eines Landes, dessen Terrain-Hindernisse schwerer als der feindliche Widerstand zu überwinden waren. Die Russen schienen stolz auf die Ausführung ihres Wagestückes zu sein, das nichts Geringeres leisten sollte, als den Rest der Schweiz, der sich noch in französischen Händen befand, mit einem Gewaltstreich zu erobern. Sie sahen dieses Land nicht als einen weitläufigen Kriegsschauplatz an, aus welchem der Feind durch ausgedehnte combinirte Bewegungen hinausmanövrirt werden sollte, sondern sie betrachteten die Schweiz als eine grosse Festung, die man im Sturm erobern müsse. Da die russischen Generale von diesem Grundsatze ausgingen, so war es auch natürlich, dass sie alle Dispositionen des Erzherzogs verwarfen und ihren Truppen eine ganz andere als jene Dislocation gaben, welche die abziehenden Österreicher bisher eingenommen hatten.

Für ihren Übermuth und den Charakter Korssakoffs bezeichnend ist ein Vorfall, der bei Gelegenheit der Ablösung der österreichischen Truppen stattgefunden haben soll. Erzherzog Carl wies dem russischen General auf der Karte die Stellungen der österreichischen Truppen und bemerkte, wie stark jeder Posten besetzt werden müsse. So oft nun der Erzherzog die Zahl der Bataillone bezeichnete, zählte Korssakoff für sich eben so viele Compagnien. Der Erzherzog, in der Meinung missverstanden zu sein, corrigirte den General und betonte das Wort Bataillone. „Ja wohl," erwiederte Korssakoff, „österreichische Bataillone oder russische Compagnien."

Die Stellung, welche der Erzherzog in der Schweiz innegehabt hatte, war folgende:

Kloten, als der Mittelpunkt aller Positionen, von welchem aus seine Truppen sich gegen Baden und Utznach wie ein Fächer entfalten konnten, war sein Hauptquartier. Die Hauptreserve der Infanterie lag in der Krümmung bei Kloten in guter Dekung hinter Hügeln und Waldungen. Die Reserve der Feldartillerie stand unmittelbar an der Anhöhe des Züricher Berges, mit einigen Cavallerie-Regimentern zugleich zu einem Observations-Corps und zur Vereitlung aller feindlichen Unternehmungen auf Zürich, wie auch zur Deckung für den Fall eines Rückzuges bestimmt. Kleinere Reserven waren an der Thur und am Rhein vertheilt.

Korssakoff stiess diese Dispositionen um; er nahm sein Hauptquartier in Zürich und verlegte den grössten und besten Theil seiner aus 26.000 Mann bestehenden Truppen in die Nähe der Stadt.

Ein kleines Lager bei Würen (rechts an der Strasse nach Baden) bildete seinen äusserst schwachen rechten Flügel. Das Ufer der Limmat besetzte er nur schwach durch einige Kosaken-Pikets.

General Hotze deckte mit seinem Corps die Positionen am Züricher See, längs der Lint und der Gebirgskette bis gegen Altdorf. Unter seinen Befehlen bewachte Jellachich die Pässe Graubündtens.

Der Erzherzog hatte dem russischen Feldherrn mit vielem Ruhme und mit vieler Klugheit vorgearbeitet. Er überliess diesem eine zusammenhängende Linie militärischer Positionen vom Ausfluss der Aar an längs der Limmat, dem Züricher-See, der Lint, und eine sichergestellte Verbindung mit der italienischen Armee.

So kam der längst erwartete Moment heran, in welchem die coalisirten Armeen auf dem Continent auf allen Punkten zugleich angriffsweise gegen den Feind vorrücken sollten. Suworow zog unter fast unüberwindlich scheinenden Schwierigkeiten mit seinem russischen Corps über den St. Gotthard, um alle Theile der russischen Armee unter seinem Commando in der Schweiz zu vereinen; er stand mit einem beträchtlichen Corps nur noch wenige Tagemärsche von den kleinen Cantonen entfernt. Mittlerweile hatte der Erzherzog die Schweiz gänzlich verlassen und im raschen Siegeslauf Mannheim erstürmt.

Korssakoff fasste nun seine eigenen Plane. Er wollte durchaus Suworows Ankunft nicht abwarten und wünschte, auf die Gefahr gänzlicher Vernichtung hin, v o r derselben kriegerische Lorbeeren zu pflücken.

Als er in der Schweiz anlangte, wollte er nicht glauben, dass der Albis-Berg eines jener vielen Hindernisse bilde, das die österreichische Armee seit dem 4. Juni an die nämliche Position bei Zürich gefesselt gehalten. Dieses Gebirge erhebt sich südwestlich von Zürich und steht en front des Sees, zeigt der Stadt seinen höchsten Gipfel, vertieft sich gegen den Süden und ist nur zum Theil fruchtbar und bevölkert. Hier fanden die Franzosen unter ihrem erfahrenen Feldherrn Massena eine treffliche Vertheidigungs-Linie, eine von der Natur gebaute Bastion, die ihnen mehr als jede Festung nützte. — Korssakoff fasste sogleich bei seiner Ankunft den kühnen Entschluss, den Albis-Berg mit dem Bajonnet zu erstürmen. Das Vertrauen auf die unerschütterliche Kühnheit der russischen Infanterie und der Ruhm, den sich diese bei den Erstürmungen von Ismail und Oczakow erworben hatte, mögen die Verwegenheit dieses Planes einigermassen entschuldigen.

General Hotze, dessen Erfahrungen und topographischen Kenntnisse Vertrauen erwecken konnten, verhehlte dem russischen Feldherrn die Schwierigkeit seines gewagten Unternehmens nicht. Hotze's Meinung war, dass man vorläufig die Vereinigung mit Suworow abwarten und dann zuerst die kleinen Cantone wieder erobern müsse, um der feindlichen Position auf dem Albis-Berg, wenn nicht in den Rücken, doch dort, wo der Abhang des Berges sich verflacht, wenigstens in die Flanke zu kommen. Hotze bat dringend, die Operationen nur noch einige Tage aufzuschieben, dann scheue er sich nicht, ihren vereinten Truppen einen glücklichen Erfolg in Aussicht zu stellen.

Die Einwendungen des unter Siegen grau gewordenen Schweizers fanden aber kein Gehör, denn er war ja ein österreichischer General, und Suworow hatte seine Leute oft genug vor diesen „Zöpfen" gewarnt! — Korssakoff bestimmte, unbekümmert um Hotze und ohne ihm irgend einen gemeinsamen Angriffsplan vorzulegen, den 25. September zur Ausführung seines Planes, den er zwar sein Geheimniss nannte, der jedoch schon acht Tage zuvor von jedem russischen Munde mit Enthusiasmus als unfehlbar ausposaunt wurde. So erfuhr der kriegserfahrene Massena nur zu bald die Absicht der Russen. Er wollte begreiflicher Weise noch weniger als Korssakoff die Ankunft Suworow's erwarten. Durch einen gleichzeitigen Angriff von allen Punkten seiner Linie kam er der Offensive der Russen, — welche diese Entwicklung der Dinge weder erwarteten, noch vorhergesehen hatten, — mit einer Gegen-Offensive zuvor. An eben diesem 25. September passirte die letzte österreichische Colonne der Armee des Erzherzogs die Brücke von Schaffhausen; Massena hatte denselben Tag für seinen Angriff festgesetzt.

---

Korssakoff hatte den Kern seiner Truppen bei der Stadt Zürich auf dem Sihlfelde, d. i. in der Ebene, welche südwestlich der Stadt Zürich vom Albis-Berg und dem See begrenzt wird, concentrirt. Der linke russische Flügel hatte sich bis Wallishofen links am See ausgedehnt. Um die Aufmerksamkeit der Russen zu fesseln, machten die französischen Generale Mortier und Klein am 25. mit Tagesanbruch einen Scheinangriff auf diesen exponirten Flügel, während die Division des Generals Soult fast gleichzeitig nächst Schäennis die Lint, und General Lorges mit acht Halb-Brigaden (die aber kaum 8000 Mann zählten) unweit Dietikon die Limmat passirten.

Die Truppen des linken russischen Flügels drückten den Feind mit Leichtigkeit bis auf die ersten Anhöhen des Albis-Berges, zwei Stunden von Zürich, zurück, und die Tapferkeit der russischen Grenadiere und Jäger brachte dort den Franzosen empfindliche Verluste bei.

Unterdessen war General Lorges mit seiner Division bis in das russische Lager bei Würen vorgedrungen. Der Scheinangriff eines kleinen Vorposten-Corps bei Bruck begünstigte ihn; die russischen Truppen leisteten mehrere Stunden lang den tapfersten Widerstand, wurden aber gegen Mittag bis über den Rhein zurückgedrängt. General Lorges rückte nun mit der stärkeren Hälfte seiner Division gegen Zürich und bedrohte die Stadt von ihrer schwächsten Seite, von Norden.

Bei Dietikon, wo die Franzosen die Limmat passirten, hatte Korssakoff nur ein einziges Bataillon russischer Infanterie postirt; es wehrte sich tapfer, da es aber nur wenige, mangelhaft bespannte Geschütze besass, so wurde das Bataillon sehr bald zum Rückzuge gezwungen und gab jeden ferneren Widerstand an der Limmat auf. Aus Mangel an Localkenntniss geriethen nun die Russen in ein Defilé, wo der Bataillons-Commandant ein Carré bilden liess, das in weniger als einer halben Stunde durch ein furchtbares Kartätschen-Kreuzfeuer in einen Leichenhaufen verwandelt wurde.

Um 11 Uhr Vormittags hatte der französische General schon alle Anhöhen längs der Limmat bis nach Wipkingen besetzt.

Diese raschen und ungeahnten Bewegungen zwangen den Fürsten Korssakoff, seinen linken Flügel, den er ohne Wahrscheinlichkeit eines reellen Erfolges zu weit vorgeschoben hatte, in grösster Eile zurückzuziehen, und gegen Mittag zog er sich mit diesem bis an die Thore von Zürich, Schritt für Schritt vom Feinde verfolgt.

Den Franzosen lag nun hauptsächlich daran, den Wipkinger- oder Küfer-Berg zu gewinnen und sich dadurch eines, Stadt und Thal dominirenden festen Punktes zu versichern. In dieser Absicht liess Massena Nachmittags gegen drei Uhr einen lebhaften Angriff auf das russische Centrum im Sihlelde unternehmen, und die Division Lorges bemächtigte sich inzwischen des

Wipkinger-Berges. Von hier aus wollte Lorges den rechten Flügel der russischen Armee, welcher mittlerweile einige, in der vorigen Nacht an Hotze detachirte Bataillons wieder eiligst an sich gezogen hatte, auch vom Zürich-Berg wegdrängen und in die Stadt zurückwerfen. Dieser Plan misslang ihm. Zwischen dem Wipkinger- und Zürich-Berge liegt eine ungefähr 3000 Schritt lange Hochebene, auf welcher die Russen ihre Übermacht im Bajonnet-Angriff sehr nachdrücklich bewiesen und den Feind gegen den Wipkinger-Berg zurückdrängten. Hätten hier die Russen ihre Artillerie zu benützen verstanden und nur mit einem Bataillon und etlichen Geschützen eine Diversion von dem Amphitheater der oberen Strasse herunter gegen die nördliche Flanke des Wipkinger-Berges unternommen, so hätte der Feind diesen Berg verlassen und ihnen eine Position einräumen müssen, die sowohl für ihren Rückzug, als für die Vertheidigung der Stadt und für die Unterstützung der Operationen auf dem Sihlfelde gleich vortheilhaft geworden wäre.

Auch gegen das Centrum konnten die Franzosen ihren Zweck am ersten Schlachttag noch nicht ganz erreichen. Die Russen fochten mit Standhaftigkeit, und dadurch rettete sich ein Theil des linken Flügels, der noch auf der andern Seite des Sees stand, vor der Gefangenschaft.

Das Terrain vor der Stadt war ganz mit Weinbergen, Land- und Wohnhäusern bedeckt. In diesem Stadttheile fand nun eines der furchtbarsten Blutbäder Statt, welches die Geschichte verzeichnet. Das coupirte Terrain bot zu Plünderungen und Missbandlungen Anlass, die, wie unser Gewährsmann Wessenberg sagt, eine jede Schilderung überboten. Franzosen und Russen wetteiferten dort im Vandalismus. Das unglückliche Zürich bot ein Bild des Schreckens und der Verheerung; am Ende der Schlacht schien es fast, als ob die Russen und die Franzosen sich nur mehr um den Genuss der Reichthümer jener blühenden Schweizerlandschaft gegenseitig bekämpften.

Während diese Blut- und Raubscenen vor sich gingen, hatte der französische Befehlshaber einen Parlamentär in die Stadt geschickt, um sie zur Übergabe aufzufordern. Dieser wurde von einigen betrunkenen Russen, wahrscheinlich aus Missverständniss, verhaftet, ausgeplündert und tödtlich verwundet. Korssakoff liess diese kriegsrechtswidrige Handlung ungestraft und ohne Entschuldigung.

Eine wolkenumzogene Nacht hemmte den weiteren Verlauf des Kampfes. Um die Stadt herum brannten mehrere Tausend Wachtfeuer, die ihren Schimmer weit in die Fluten des Sees hineinwarfen und ein wunderbares Schauspiel darboten, — und in der Dunkelheit zogen beide Theile in grösster Stille ihre disponiblen Kräfte auf das rechte Limmat Ufer, während auf dem Sihlfelde nur noch wenige russische Vorposten zurückblieben.

Die russische Vertheidigungs-Linie war nach dem ersten Schlachttag in einer Strecke von einer kleinen halben Stunde auf ein Terrain zusammengedrängt, das ihrer Art Krieg zu führen sehr ungünstig werden musste. Der Feind war schon bis Rapperswyl vorgedrungen; die österreichische Flotille unter Oberst Williams musste den See verlassen, und so war den Russen fast jede Hoffnung geschwunden, sich in der Stadt Zürich zu halten; ja, Korssakoff lief sogar Gefahr, mit dem Rest seiner Armee in eine Stadt eingeschlossen zu werden, die, von den umliegenden, bereits feindlich besetzten Anhöhen vollständig beherrscht, schlechterdings gar nicht zu vertheidigen war. Statt die Dunkelheit der Nacht zum Abzug zu benützen, blieb er aber dabei, die Stadt Zürich zu behaupten. Zu diesen Entschluss bewog ihn hauptsächlich der Besitz des Zürich-Berges, der einzigen Position, die dem Feinde Widerstand leisten konnte und noch in russischen Händen war.

Am 26. Morgens gegen 6 Uhr griff die Division des Generals Lorges die Russen mit Heftigkeit an und drang unter einem äusserst hartnäckigen Kampf in einer schiefen Schlachtordnung, deren rechter Flügel sich an die Limmat, und der linke an die Grete des Bergrückens zwischen dem Wipkinger und Zürich-Berge lehnten, gegen Zürich vor. Schritt für Schritt drängten nun die Franzosen die Russen bis an das Niederdorfthor der Stadt zurück. Plötzlich stand die Hauptmacht der Division Lorges oben an der Lehne des Zürich-Berges, und während sie bis über das Kronenthor gegen das Dorf Flunteren vorrückte, näherten sich andere französische Colonnen auch von der Wollishofer-Seite, welche die Russen inzwischen verlassen hatten, den Wällen der Stadt.

Die Wälle von Zürich waren mit einer Compagnie trefflicher österreichischer Artilleristen besetzt, die den Feind mehrere Stunden lang aufhielt; allein die Russen dachten nun, da die Gefahr greifbare Formen angenommen hatte, plötzlich an keine Vertheidigung mehr; Korssakoff befahl allgemeinen Rückzug; dieser begann gegen Eglisau in einer beispiellosen, mit Worten gar nicht zu schildernden Unordnung.

Um den Rückzug zu decken, schickte Korssakoff den Schweizer Oberstlieutenant Paravicini zu Lorges und bot diesem Capitulations-Vorschläge und allgemeines Feuereinstellen an; Lorges wies ihn an Massena und nahm es auf sich, das Feuer vorläufig einzustellen. Massena dagegen, über die Behandlung seines am 25. September abgeschickten Parlamentärs erbost, wollte den Russen nur eine Viertelstunde zum Abzug aus der Stadt gestatten, während Korssakoff die Frist bis zum Abend des nämlichen Tages ausgedehnt wissen wollte. Paravicini musste unverrichteter Dinge zurückkehren. Mit dem Parlamentiren war eine kostbare Stunde verstrichen, während welcher die russische Armee bis auf wenige hundert Mann gegen Eglisau abgerückt war.

Korssakoff fühlte sich nicht mehr berufen, seine Feldherrntalente weiter auszunützen; kurz nachdem er Paravicini als Parlamentär entsandt hatte, ergriff er mit einer Escadron Husaren die Flucht. Paravicini traf ihn und die Armee, bezeichnend genug, erst wieder in Eglisau an. Der kühne russische Feldherr, dem die österreichischen Bataillone nur russische Compagnien schienen, empfing die Antwort Massenas mit den ausgesprochensten Zeichen der Angst und des Schreckens — im Bett.

Mittlerweile waren sechs bis siebenhundert Russen ohne Anführer in Zürich zurückgeblieben; statt sich durch das Küssnachter Thor, das ihnen noch eine geraume Weile offen stand, zu retten, zogen sie es vor, wie Wüthende in der Stadt herumzuschiessen. Die österreichischen Artilleristen dagegen hatten sich rasch gesammelt und durch dieses Thor gerettet, nachdem sie alle ihre Geschütze vernagelt oder durch Doppelschüsse zersprengt hatten.

Bald nach Ein Uhr Mittags drangen französische Dragoner und Infanteristen von der Mortier'schen Division in die kleine Stadt ein und eilten von allen Seiten über die Brücken in die grosse Stadt auf die Wälle zu den Thoren, um den retirirenden Russen nachzusetzen. Die Verfolger stiessen in der Stadt auf diese 700 zerstreuten Russen, von denen ein kleiner Theil in den Häusern und Strassen schossen, fochten und starben, während sich der grössere Theil ergab. Den Franzosen fiel nebstbei als gute Beute die ganze russische Bagage zu, mit allen Equipagen sämmtlicher russischer Generale, den russischen Kriegskassen, dem Armee-Archiv und allen Kirchengeräthschaften.

Während ihres Rückzuges wurde der Nachtrab der russischen Infanterie, in der beiläufigen Stärke von 2000 Mann, durch die gegen Kloten vorrückende Division des Generals Lorges von der Eglisauer Strasse abgeschnitten und zum Rückzuge auf die Winterthurer Strasse gezwungen. Auf dieser verhängnissvollen Strasse wurde die russische Nachhut bei Bassersdorf von einer feindlichen Colonne erreicht, zum Stehen gebracht, und nach einem blutigen Gefecht, das die Strasse mit neunhundert russischen und französischen Leichen deckte, flohen die zersprengten Überreste dieser russischen Colonne nach Winterthur, wo sie Abends 6 Uhr in dem bedauerungswürdigsten Zustande ankamen und, wie Wessenberg sagt, „um keine andere Unterstützung, als um Wegweiser nach Eglisau baten".

Leichter und sicherer hätten sie sich mit dem in Winterthur befindlichen Bataillon der Schweizer Legion Bachmann vereinigen und den Brückenkopf bei Büsingen erreichen können, den der Feind erst drei Tage später besetzte. Allein die Russen waren den Schweizern bereits so angenehme Bundesgenossen geworden, dass dieses Schweizer Bataillon beim blossen Anblick der Russen die Flucht bis über den Bodensee ergriff und die wenig geehrten Alliirten ihrem guten oder bösen Schicksal überliess.

Die Franzosen, die wahrscheinlich vermutheten, dass sich die Russen gegen die Rhein-Übergänge bei Büsingen, Diessenhofen und Stein zurückziehen und wenigstens die Hauptpositionen an der Thur bei Adelfingen und Pfyn besetzen würden, verfolgten den Feind am selben Tag nicht weiter.

Erst am 28., nachdem unser trefflicher Hotze am 25. den Heldentod vor Schänis gefunden hatte, und sein Nachfolger, der österreichische General Petrasch, die Position bei Lichtensteig verlassen musste, rückte Oudinot über Winterthur gegen den Bodensee vor und setzte sich am 29. Mittags in den Besitz von Constanz.

An dem Missgeschick der Russen in der Schweiz trug aber Korssakoff nicht ganz allein die Schuld, sondern er theilte sie redlich mit Suworow. Die Zerwürfnisse dieses begabten Feldherrn in Italien mit Melas, Kray, Bellegarde, Klenau und mit dem Erzherzog Carl am Rhein, ja im Allgemeinen fast mit Allem, was österreichisch und damals deutsch hiess, waren nur seiner Eitelkeit, seiner Halsstarrigkeit, seiner Bosheit und seiner Sucht, ein europäisches Wunder oder Original zu sein, zu verdanken. Als Original stiess er auf den Vierwaldstädter-See, ohne dass sein Generalstab wusste, dass sich auf seinem Marsch dieser See befinde; als Original sehen wir ihn in diesen für die Russen verhängnissvoll gewordenen Septembertagen am St. Gotthard herumirren, statt über den Simplon in den Rücken Massenas zu operiren.

Und so ging durch die Schuld der russischen Feldherren in diesen Septembertagen die ganze Schweiz, welche der Erzherzog während des ersten Theils des Feldzuges gegen Massena glänzend behauptet hatte, neuerdings an diesen verloren, und wie Wessenberg sagt: „nicht als Folge einer gewöhnlichen Niederlage, sondern als Folge einer Déroute und einer beispiellosen Verwirrung, die im Kopf des russischen Generals en chef anfing und sich auf alle seine Officiere und Soldaten erstreckte."

Die Russen verloren nebst der oben angeführten Bagage und ihren Kassen über 50 Kanonen und weit über 10.000 Mann an Todten, Verwundeten und Gefangenen. Die Franzosen erkauften diesen Sieg und ihre ungeheure Beute mit einem Verlust von 3—4000 Todten und Verwundeten.

---

Nach Allem bisher Erzählten werden Sie, meine Herren, mit mir bei der Schilderung dieser denkwürdigen Ereignisse jede glückliche Dispositionsgabe, jeden vernünftigen Zusammenhang in den Anordnungen der russischen Herresleitung vermissen. Die Russen rücken vor; sie stossen auf den Feind; es entsteht ein Kampf mit der obligaten Plünderung; die einzelnen Abtheilungen schlagen sich pêle-mêle, je nach dem sie hier oder dort stehen, gut oder schlecht. In dem allgemeinen Gewühl, das nun entsteht, ist jede Wechselwirkung der neben oder hinter einander stehenden russischen Colonnen aufgehoben, und kein glücklicher Gedanke von Seite irgend eines ihrer Befehlshaber bringt eine Wendung zum Besseren. Vom Feind kräftigst zurückgewiesen, löst sich die ganze, ohnedies ziemlich locker gewesene taktische Einheit des Korssakoff'schen Corps auf, und in einer Déroute sondergleichen läuft Alles planlos nach rückwärts und auseinander, nachdem der Tod die reifen Garben des guten Materials geschnitten hat. Das, meine Herren, ist ungefähr das wenig belehrende Bild, welches uns diese Schlacht bietet. — Da man aber den sonderbaren Gang dieser Dinge, noch so schmucklos und einfach erzählt, kaum verstehen kann, so sucht man nach Commentaren; ein Zufall hat sie mir, nebst den Wessenberg'schen Aufzeichnungen, in der Abschrift eines Briefes geliefert, die mir vor mehreren Jahren einer meiner

Bekannten aus seinen Papieren, als für ihn werthlos, überliess. Verfasser und Adressat dieses Documentes sind mir trotz mancherlei Nachforschung unbekannt geblieben. Ich vermuthe aber in dem Absender einen österreichischen Generalstabs-Officier des Hotze'schen Corps. — Da der Brief vom 2. October 1799 aus Schaffhausen datirt, somit nur w e n i g e Tage nach der Schlacht bei Zürich verfasst wurde, so bietet er die unmittelbare Anschauung eines Zeitgenossen und liefert hiedurch nicht nur eine erwünschte, sondern auch die sprechendste Illustration zu meinem heutigen Thema. Das interessante Schriftstück lautet:

Schaffhausen, 2. October 1799.

„„Wie letzthin gesagt, fabelähnlich ist die Aufführung Korssakoffs und seiner Knaben; denn es ist für andere Officiers eine Schande, Leuten diesen ehrenvollen Namen zu geben, die von aller militärischen Kunst nicht die mindeste Idee haben, die keine Karte kennen, die mit etlichen 20.000 Mann auf einem Fleck stehen, ohne dass ihnen der Sinn daran kömmt — ich sage nichts, als was b u c h s t ä b l i c h wahr ist —, recognosciren zu lassen, ob ein Feind da sei; die mit diesen etlichen 20.000 Mann nicht wagen, gegen etwa 150 Mann streifende Vorposten bis an die Thur vorzurücken; die, als man ihnen den neuen Bräckenkopf bei Büsingen zeigte, nicht wussten, was das wäre? Officiers, die nicht wissen, wie stark ihre Regimenter waren; die mit 1600 Mann aus Constanz flohen, als ob ihnen der Kopf brennte, vor 100, schreibe Hundert Franzosen. Als Kienmayer und andere ihm, dem Korssakoff, sagten: Wussten Sie nicht, das Hotze bei Uznach stünde?"

„Hotze? Monsieur Hotze? Ah, je me souviens; n'est ce pas un „Général Autrichien? Je me souviens d'avoir reçu de lui une lettre! „Secrétaire, cherchez cette lettre; il m'a écrit qu'il avait 2000 hommes."

„Non, Général, il vous aura écrit, qu'il avait 22.000 hommes."

„Pardon, Général, seulement 2000. — Secrétaire, où est donc cette „lettre?"

Der Brief kömmt — 20.000! Er hatte die Zahl nicht recht gelesen.

Einige Tage nach seiner Flucht liess er es anstehen, bis er sich die Mühe gab, an Suworow eine Depesche schreiben zu lassen.

Dass Kienmayer und Nauendorff ihr Möglichstes gethan haben, die träge Seele zu wecken, versteht sich von selbst. Aber er sagte immer: von Suworow müsse er Befehle erwarten; unter dem stehe er; sonst habe Niemand ihm etwas zu sagen.

Fier, der einzige österreichische Officier, der zuerst hier war, vom General-Quartiermeisterstab, wurde von den russischen Generalen mit vielen Kratzfüssen um Rath gebeten; er zeigte ihnen die Karte, machte die dringendsten Vorstellungen; aber vergeblich. Hierauf kam der Major Pulsky, von eben demselben Stab, bestätigte Alles. Endlich, nach vier Tagen, am 30, Abends, nachdem Korssakoff sein (gewöhnlich starkes) Futter verdaut hatte, wurde Kriegsrath gehalten. Die österreichischen Officiers wohnten bei. Es wurde unanimiter beschlossen und den österreichischen Officiers auf Ehre versprochen, morgen um 3 Uhr in 2 Corps von 70 Mann recognosciren zu lassen. Anstatt Morgens wurde es Abends 4 Uhr. Unterdessen hatte ein Lieutenant von Zeschwitz-Cürassier mit sechs Cürassieren diese schwere Unternehmung ausgeführt und bis nach Stammheim und Gysenhart die Stellung des Feindes erforscht. Nun, da sie bis an die Thur offenbar keinen Schuss zu thun brauchten, that man alles Mögliche, um sie zu bereden, wenigstens diesen Fluss zu besetzen. Aber sie sind noch nicht da, am 2. October. Indess haben die Franzosen von Andelfingen bis Frauenfeld, der Thur nach, ein Lager formirt. Endlich heute Früh haben die Russen den Brückenkopf bei Büsingen besetzt. Aber, wenn nicht Österreicher zu ihnen kommen, so laufen sie zum Teufel, wenn sich 100 Franzosen zeigen.

Gestern Abends kam ein Courier (man glaubt von Suworow); auf der Depesche stand: „au Galop"; Korssakoff liess sie eine Viertelstunde liegen und trank ruhig seinen Burgunder.

Man weiss nicht, was man denken soll. Vor dem 25. September bemerkte man einen starken Courierwechsel der französischen und russischen Befehlshaber. Ein Detachement Dragoner wehrte sich zu Fuss gegen die andringenden Feinde 5 Stunden lang; ein anderes in geringer Entfernung sah ruhig zu und zog sich zurück, ohne einen Schuss zu thun. Sollte dieses Unglück, ausser der Unfähigkeit, noch einen andern Grund haben, so wird man mit dem Vorrücken zuwarten, bis Suworow durch Übermacht geschlagen ist, und dann etwa bis Winterthur vordringen, um doch etwas gethan zu haben, und dann auf immer zurückgehen.

Übrigens hatte Wimmer [*)] nirgends Magazine, noch irgend eine Anstalt. Wenn nun Fourage etc. ausgeschrieben wird, so nehmen die Officiers die Hälfte in natura, die andere in Geld; dieses geht in ihren Sack, und das Regiment bezieht die Hälfte seines Bedarfs. Auch ist, wo sie stehen, auf dem Rafzerfelde, rings um die Stadt und über Büsingen hinauf, kein Erdapfel, kein Apfel, keine Birne oder Traube mehr vorhanden. Zugleich hauen sie aus Muthwillen die Reben und Bäume um, dass auch auf's künftige Jahr die Hoffnung dahin ist. Alle Nächte wird auf den Dörfern und Landgütern geplündert; das Elend auf dem Lande geht über alle Beschreibung, und endlich wird auch bei uns geschehen, was im Canton Zürich: ein allgemeiner Landaufstand wider diese Räuberhorde.

Einige österreichische Regimenter sind nun angekommen, andere werden erwartet; der Erzherzog ist zu Donaueschingen. Aber oben geht es nicht gut; Petrasch ist alt und langsam; er will sicher gehen, aber ersetzt Hotze nicht.

So eben höre ich, dass Korssakoff anfängt, etwas bekümmert auszusehen. Von der ganz erschrecklichen, unglaublichen, unerhörten Unwissen-

---

*) Ein österreichischer Major, der die Verpflegung der Armeen leitete.

heit der meisten Officiers, der sklavischen Obedienz und dennoch Ausgelassenheit, Raubsucht, Unbehilflichkeit dieser Leute könnte ich Dir noch 20 Anekdoten sagen, die unglaublich scheinen, aber vor unseren Augen vorgehen. Solche Unehre hat wohl noch kein Monarch an seinen Truppen erlebt, und so ist Europa wohl noch nie detrompirt worden."

---

So weit dieser merkwürdige Brief, der die Vorgänge im russischen Hauptquartier prägnant zum Ausdruck bringt. Was noch allenfalls in dieser Schilderung lückenhaft scheint, werden die folgenden Bemerkungen Wessenberg's und besondere Umstände ergänzen und beleuchten.

Wessenberg schildert den Fürsten Korssakoff wie folgt: „Könnte man von seiner persönlichen Tapferkeit auf seine übrigen Eigenschaften schliessen, so würde er ganz gewiss unter die vorzüglichen Generale gehören. Doch von letzteren urtheilt die Welt nur nach dem Erfolg ihrer Thaten. Obwohl ich in seinen Vorkehrungen nichts weniger als Verstand und Einsichten erkenne, so kann ich doch auch bezeugen, dass die anderen russischen Generale nicht weniger Antheil an der Miss-Taktik und an der Unordnung dieser grässlichen Flucht hatten."

„Ich weiss, dass Letztere Korssakoff's schnelles Glück beneiden, das er sich durch vorzügliche Begünstigungen des kaiserlichen russischen Hofes erworben haben soll, und dass sie aus diesem Grunde sein Missgeschick eben so wenig bedauerten, als sie bedacht waren, dessen schlimme Folgen zu verhindern. Es lässt sich aber hingegen nicht läugnen, dass sein Stolz eben so entfernend, als sein Leichtsinn oft empörend war. Mich versicherten seine Generale selbst, dass keiner zu ihm gehen dürfe, ohne gerufen zu werden."

„Während der unseligen Unordnung am 26. blieb sich Korssakoff ganz allein überlassen; seine Adjutanten waren todt, blessirt oder gefangen; der zuletzt übrig gebliebene Sergiev liess sich aus Liebe zu seiner Gattin, die in feindliche Hände gefallen war, freiwillig gefangen nehmen, und der schweizerische Obristlieutenant Paravicini blieb aus blossem Mitleiden bei ihm."

„Der Vorfall mit dem französischen Parlamentär, sein Eigensinn, die Bagagen und Kassen in Zürich zurück zu lassen, seine Dispositionen beim Rückzuge waren eben so viele authentische Beweise seiner Unwissenheit und seiner unverantwortlichen Nachlässigkeit."

„Das ganze Unglück der Schweiz, die Leichenhügel und alle die Ruinen um Zürich, der Verlust der Früchte aller österreichischen Siege, die mit dem 19. Mai begannen, bis zu jener von den Österreichern am 4. Juni gewonnenen ersten Schlacht bei Zürich, bleiben unvertilgbare Denkmale in der Biographie dieses Feldherrn."

Nach dieser wenig schmeichelhaften biographischen Skizze des russischen Heerführers, die ein begabter, ruhig und leidenschaftslos denkender Zeitgenosse aufgezeichnet hat, wollen wir nach derselben Quelle die russische Armee, die Infanterie, Cavallerie, Kosaken und Artillerie zergliedern; und die russische Disciplin und Taktik nach den Daten charakterisiren, die uns Wessenberg aus dem Jahre 1799 liefert.

Die russische Armee konnte in den 90. Jahren noch immer einen gewissen Grad von Ruhm behaupten, da sie im Handgemenge eine fast unglaubliche Standhaftigkeit und Hartnäckigkeit besass und damals die einzige Armee war, die ohne Brücken und Maulthiere Flüsse und Gebirge überschritt. Allein diese löblichen Eigenschaften waren nicht hinreichend, um einen Feind zu besiegen, der mehr mit Kunst als mit blosser Tapferkeit Krieg zu führen verstand; der mehr durch Bewegungen als durch Schlachten zu erobern suchte und vorzüglich darauf bedacht blieb, seine Mängel durch List zu ersetzen. Denn die Geschicklichkeit wird immer ihre Überlegenheit über plumpe Unwissenheit zu behaupten verstehen.

Die russische Infanterie hatte sich in den Kriegen mit den Türken und in Italien durch Kühnheit und Standhaftigkeit, durch ihre Stürme und ihren ungestümen Bajonnet-Angriff in geschlossener Linie unläugbaren Ruhm erworben. Die russischen Grenadiere und Jäger-Regimenter konnten in Rücksicht ihrer Verwendbarkeit bei regelmässigen Angriffen dem besten österreichischen Linien-Infanterie-Regiment gleichgestellt werden, d. h. wenn man von den Officieren abstrahirte, deren Rohheit und Unwissenheit alle Schilderungen weit hinter sich liess.

Die russische Cavallerie bestand aus schwerer und leichter Reiterei. Die schwere Reiterei und ihre Husaren-Regimenter waren aus schönen Leuten und Pferden gebildet und hätten selbst unter mässig guter Führung vortreffliche Dienste geleistet.

Aber die plumpe Kleidung der schweren Reiterei, ihre ungeheuren Stiefel und Sporen übten damals auf die Leichtigkeit und Schnelligkeit ihrer Bewegungen den allernachtheiligsten Einfluss aus. Schon Wessenberg findet es sonderbar, dass zur nämlichen Zeit, wo man bei der österreichischen Armee bemüht war, dem Körper des Soldaten durch einfachere und bequemere Kleidung mehr Fertigkeit und Gewandtheit zu geben, Russland immer das Gegentheil von dem versuchte, was in Österreich als praktisch erprobt war, weil sich der Soldatenkaiser Paul streng an das Musterbild der damaligen Soldatenweisheit, an die Regeln König Friedrich's II. hielt, und an alle jene Institutionen, die dieser in Preussen seinerzeit eingeführt hatte.

Die Kosaken konnten in Kriegen mit einem Feinde, der die Kriegskunst verstand, nicht unter die Sorte brauchbarer Cavallerie gezählt werden. Weder ihre militärische Verfassung, noch ihre Kleidung oder Bewaffnung, und am allerwenigsten ihre Pferde waren zu einer kräftigen Kriegführung geeignet. Immer wie herumirrende Horden zerstreut, haben sie sich im Freundesland durch ihre Diebereien und Raubthaten furchtbarer als dem Feinde gemacht, und wie wenig sie ihrer Bestimmung, den Vorpostendienst zu versehen, entsprachen, werden wir, wenn wir auf die russische Taktik zu sprechen kommen, leicht erkennen.

Dass die russische Artillerie, dieser Theil der Kriegsmacht, der mehr als jeder andere von der Wissenschaft abhängt, bei einem Volke, das erst seit einem Jahrhundert Cultur trieb, noch nicht auf jenem Grad der Vollkommenheit gebracht war, wie die österreichische und französische, ist allerdings leichter zu erklären. Die Mängel der russischen Artillerie im Jahre 1799 lassen sich auf die drei folgenden Punkte reduciren:

*a)* Auf das Mechanische des Geschützes,
*b)* auf die Bespannung desselben, und
*c)* auf die Anwendung der Artillerie im Allgemeinen.

Was das Mechanische des Geschützwesens betraf, so war die russische Armee damals mehr auf Belagerungen und Erstürmungen als auf Gefechte in Gebirgen und den sogenannten kleinen Krieg eingerichtet. Sie litt vorzüglich Mangel an leichter Artillerie, die im Kampfe gegen die Franzosen ganz unentbehrlich war. Die reitende Artillerie war den Russen gänzlich unbekannt. So hatten sie z. B. auch die Ladung mit festgepackten Patronen erst von den Österreichern erlernt. Die Richtung ihrer Kanonen war schon deswegen höchst unvollkommen, weil die Elevation des Rohres durch Unterschiebung von Blöcken geschah, statt durch Gewinde, die, bei den österreichischen Geschützen nach genauen mechanischen Proportionen am Hintertheil der Kanonenrohre angebracht, eine mathematisch zu berechnende Wirkung ermöglichten.

Die Bespannung der Artillerie bestand meistens aus schwachen, elenden Pferden und war auch dadurch, dass die Fortbringung einer Kanone eine Unzahl ihrer Huzzulen-Pferde erforderte, dem Gebrauche und den Bewegungen derselben hinderlich. Selbst während der Schlacht liessen die Russen ihre Pferde grasen. Bei den Gefechten am 25. und 26. September verloren sie 40 Kanonen, blos aus der Ursache, weil deren Bespannung auf der Weide war und nicht mehr zur rechten Zeit eingefangen werden konnte.

Die Anwendung der Artillerie schienen die Russen kaum zu kennen. Die Methode, ein Gefecht durch ein am rechten Ort angebrachtes Artillerie-Feuer einzuleiten oder zu unterstützen, war ihnen gänzlich fremd, so wie überhaupt alle ihre Unternehmungen mehr auf Bravour als auf Kunst berechnet waren.

Noch weniger verstanden sie damals, mit der Artillerie einen Rückzug zu decken. Am 25. verloren sie die Höhen längs der Limmat binnen 3 Stunden nur aus dem Grunde, weil ihr Artilleriefeuer von gar keiner Wirkung war; aus eben diesem Grunde liessen sie die von der Natur geschaffenen Redouten auf dem Zürich-Berg bei ihrem Rückzuge aus Zürich unbesetzt.

Alle hier angeführten Mängel berühren eigentlich die Organisation der russischen Armee mehr als den einzelnen Soldaten, der, von Gesundheit strotzend, sich durch kräftige Bildung des Körpers, durch Ausdauer und Unverdrossenheit in beschwerdevollen Unternehmungen und durch Unerschrockenheit bei jeder noch so grossen Gefahr auszuzeichnen verstand.

Disciplin gab es in ihrer Armee keine. Die Indisciplin der russischen Soldaten, ihre Gewohnheit zu rauben, zu plündern und dort, wo man ihnen nicht freiwillig allen Überfluss anbot, zu zerstören, contrastirte mit dem äusserst moralischen Betragen der österreichischen Truppen in der Schweiz in einer für die Russen sehr nachtheiligen Weise. Diese Indisciplin war aber weniger die Folge der Rohheit ihrer Sitten als ihrer schlechten Verpflegung und des Mangels an jeder militärischen Zucht und Gehorsam.

Es ist einleuchtend, dass der russische Soldat, dessen Sold mittels der englischen Subsidien auf $2^1/_4$ Kreuzer täglich erhöht worden war, in der Schweiz und den Rheinlanden ohne grosse Zuschüsse an Naturalien nicht bestehen konnte. Die Generale und Regiments-Chefs dagegen sorgten dergestalt für die Verpflegung ihrer Soldaten, dass sie am Ende eines jeden Monats grosse Summen für die Verpflegung an die Lieferanten zu fordern hatten, wovon sie dann einen kleinen Theil der Truppe nachbezahlten und das Übrige für ihren eigenen Beutel behielten. Deshalb duldeten auch ihre Generale die gröbsten Excesse ihrer halbverhungerten Mannschaft und nahmen hierüber keine, wie immer geartete Beschwerde an.

Was aber noch mehr als alle diese Mängel die Disproportion der russischen zur französischen Armee bewirkte, war unstreitig die Verschiedenheit ihrer Taktik. Denn eine russische Taktik gab es im Jahre 1799 eben so wenig oder noch weniger als eine russische Disciplin. Korssakoff wollte dem französischen Kriegs-Systeme die von dem siebenjährigen Kriege her damals noch ziemlich allgemein befolgte Maxime entgegensetzen, nach welcher man bedacht war, mit grossen, in engen Räumen concentrirten Truppenmassen plötzlich dem Feinde durch den Aufmarsch in der Liniartaktik furchtbar zu werden. Die Franzosen hatten sich hingegen während der Revolutionskriege bemüht, den ganzen Umfang der Grenzen, den Lauf der Flüsse, die Ketten der Gebirge wie zusammenhängende Linien, wie eben so viele Positionen zu betrachten, deren Punkte einander das Gleichgewicht halten, bedecken und schützen. Ihre Kriegskunst glich einem wohl überdachten Schachspiel. Alle ihre Hauptunternehmungen begannen mit Angriffen von vielen oder von allen Punkten in Schwärmen, Tirailleur- und Plänklergefechten; alle ihre Siege waren mehr die Folge glücklicher und schnell combinirter Bewegungen als grosser Schlachten. Auch List, Überlegung und gute Spione gehörten unter die wesentlichen Förderungsmittel ihres Kriegsglücks.

„Korssakoff", so berichtet Wessenberg, „behauptete, als man ihm die Nothwendigkeit, seine Bagage zurück zu schicken, vorstellte: er wisse nicht, was retiriren heisse. Auch war wirklich sein Plan so wenig auf einen Rückzug berechnet, dass er eben nur einer simplen Flucht über Hals und Kopf glich und keinem militärischen Rückzug."

Hieran mochte wohl der Mangel an Localkenntniss zum Theil Schuld sein, — ein Mangel, der aber vom 17. August, dem Zeitpunkt der Ankunft der Russen in der Schweiz, bis zum 26. September durch das Studium der

Karten leicht ersetzt werden konnte. Erzherzog Carl und General Hotze hatten den russischen Generalen alle Mittel an die Hand gegeben, die Schweiz kennen zu lernen; es scheint aber, dass die russischen Generale damals noch nicht gewohnt waren, die Geographie als einen wesentlichen Theil der Kriegswissenschaft zu betrachten.

Die topographische Unkenntniss des Landes, in welchem er operirte, hatte wahrscheinlich bei Korssakoff auch den Grundsatz erzeugt, mit seiner ganzen Armee auf einer einzigen und zwar der nämlichen Strasse zu retiriren, auf welcher er mit ihr in die Schweiz gekommen war. Dieser Grundsatz opferte alle Positionen an der Thur, die Rheinübergänge bei Büsingen, Diessenhofen, Stein und Constanz; dieser Grundsatz kostete den Russen ihre Bagagen und Kassen, den Österreichern die Resultate ihrer fünfmonatlichen Bemühungen — und der ganzen Coalition ihren Erfolg.

Ja, alle grossen Hoffnungen der Coalition wurden durch den Ausgang der Schlacht bei Zürich vernichtet, und die Folge dieser Katastrophe blieb für Österreich der Verlust der ganzen Schweiz. Hätte Korssakoff, statt seine Truppen in der Stadt Zürich ohne alle Hoffnung einer möglichen Vertheidigung auf einander zu drängen, die Nacht vom 25. auf den 26. dazu benützt, den Zürich-Berg mit Geschützen zu besetzen, und hätte er zugleich einige Bataillons in die nördliche Flanke des Wipkinger-Berges geschickt, so wäre ihm bei Anbruch des Tages ganz sicher die treffliche Position, die das Amphitheater um die Stadt bildet, zu Theil geworden, und er hätte dann auch im schlimmsten Falle den Feind so lange beschäftigt, bis die nicht gar zu weit entfernten Österreicher eine vortheilhafte Diversion über den Rhein zu machen im Stande gewesen wären, die hinwieder ganz leicht durch die überflüssige russische Cavallerie unterstützt werden konnte.

Hätten auf der andern Seite die sechs Bataillons, welche Korssakoff am 24. Abends gegen Rapperswyl zur Deckung seines und des Hotze'schen Vorhabens abgeschickt hatte, anstatt nach der ersten schlimmen Nachricht planlos nach Zürich zu entfliehen, sich mit dem Überrest des Hotze'schen Corps vereint, so wäre das schnelle Vordringen des Feindes gegen Lichtensteig, wenn nicht verhindert, doch ganz gewiss verzögert worden, und der Feind, der schon von dem Vorrücken Suworow's unterrichtet war und immer befürchten musste, vom Simplon aus im Rücken gefasst zu werden, hätte sich dann schwerlich mit einem detachirten Corps bis gegen St. Gallen vorgewagt. Allein selbst die russische Brigade des Generals Titoff, die sich nicht mehr nach Zürich flüchten konnte, hatte das österreichische Corps verlassen, um auf eigene Faust zu operiren, und irrte gleichfalls planlos durch ihr unbekannte Gegenden herum, bis sie endlich nach Constanz kam, wo sie am 28. über den Rhein setzte.

Noch muss hier zweier grosser Gebrechen der russischen Armee-Verfassung gedacht werden: diese waren ihre Vorposten und ihr Correspondenzdienst.

Die Vorposten, diese Brustwehr der Armee, die gegen einen schlauen Feind im Defensiv-Zustande eben so unentbehrlich, als beim Angriff vortheilhaft ist, — Vorposten, die im coupirten Terrain den Feind recognosciren, beobachten, bewachen, entdecken, verrathen, — diese Kette, die vor Überfällen sichert und, in Gebüschen und Krümmungen verborgen, dem Feind oft entscheidende Niederlagen beibringt, noch bevor er sich dessen bewusst ist, — alle diese militärischen Details waren den Russen des Jahres 1799 kaum dem Namen nach bekannt. Ihre Vorpostenlinie längs der Limmat war nicht nur oft unterbrochen und an den wichtigsten Punkten, wie gegen Altstetten, Wollishofen, nur mit schwachen Kosakenpiquets besetzt, sondern diese hatten auch noch die Gewohnheit, ihre Pferde weiden zu lassen, wodurch es geschah, dass sie zumeist ohne Gegenwehr und Mühe von der französischen Cavallerie aufgehoben oder umgangen wurden. Da die Russen überdies den dortigen Landleuten mehr Sinn zum Rauben und Stehlen als zu ihrer Vertheidigung bewiesen, so waren sie der ganzen Bevölkerung nur immer zur Last, wurden meistentheils sogar von den Landbewohnern ausspionirt und dem Feinde verrathen. Ein ordentlicher Ordonnanz-Cours war bei der Armee Korssakows nicht eingeführt; daher kannte auch während der Action Keiner die Lage des Andern; überall wurde ohne Übereinstimmung gehandelt. Vertieft man sich in das Studium der Schlacht von Zürich, so findet man, wie gesagt, dass am 25. und 26. jede russische Colonne für sich auf's Geradewohl gekämpft hat Dispositionen oder Zusammenhang ist nirgends zu finden.

Um die hochansehnliche Versammlung, deren Aufmerksamkeit ich schon viel zu lange in Anspruch genommen zu haben befürchte, nicht länger zu ermüden, muss ich es mir für eine andere Gelegenheit vorbehalten, ein Thema noch eingehender zu erörtern, welches, wie Sie, meine Herren, aus meiner heutigen Auseinandersetzung schon ersehen haben werden, Stoff genug zu ernsten Betrachtungen bietet. Nur eine Frage dürfte am Schlusse meiner Skizze noch Beantwortung erheischen. — Was that denn Suworow, als er die Niederlage Korssakoff's erfuhr? und warum haben die unter Suworow später vereinten russischen Truppen es gar nicht mehr der Mühe werth erachtet, die Scharte von Zürich auszuwetzen? Nach Miliutin that der russische Feldherr weiter Nichts, als gleich einem Besessenen auf Österreich zu schmähen und den Kaiser Franz, seine Minister, Generale und den Erzherzog Carl des schnödesten Verrathes an Russland zu bezichtigen. — Unbändig in seinem Hass und in seiner Liebe, über alle Maassen eitel auf seine Originalität und europäische Berühmtheit, hat dieser Feldherr, dem Miliutin mit grossem Unrecht den Namen eines neuen Belisar gibt, der Freundschaft Russlands und Österreichs die gefährlichsten Wunden durch seine Intriguen geschlagen. Während er unter lauter Böcklingen und Kratzfüssen tiefunterthänigste Berichte an Kaiser Franz unterzeichnete, schrieb er an seinen Czaren im Sinne eines enragirten Österreicher-Feindes. Unzweifelhaft wäre es besser gewesen, Österreich hätte diesen Moskowiter nie an die Spitze jener Armeen berufen, die im selben Jahre und noch Ein Jahr später bis zur Ankunft Bonapartes österreichische Feldherrn eben so gut zu führen wussten als er. — Zudem litt Suworow's Verhältniss zu Österreich an Unklarheit. Kaiser Franz II. übernahm ihn als Commandanten des nach bindenden Verträgen ihm zugesicherten russischen Hilfs-Corps von 20.000 Mann. Zwar soll Kaiser Paul die Bitte des österreichischen Cabinets um die Überlassung von Suworow, nach glaubwürdigster, mündlicher Überlieferung, nur mit der Bemerkung „je m'en lave les mains" bewilligt haben. Dennoch übertrug ihm Kaiser Franz, nachdem ihm der russische Kaiser seinen Feldherrn zur Disposition gestellt hatte, und Suworow für den Feldzug als österreichischer Marschall in österreichische Dienste förmlich übertrat, das Commando und den Oberbefehl über alle österreichischen Truppen in Italien, aus Deferenz für Russland. Sonach hat der Hilfscorps-Commandant den Oberbefehl über eine österreichische Hauptarmee von 100.000 Mann geführt. Hierin allein lag schon ein Keim des Zerwürfnisses, weil sich Suworow seinerseits, trotz seiner österreichischen Marschallswürde, an die Befehle des kaiserlichen Cabinets nicht gebunden glaubte und in jedem Rescript des Kaisers, Thugut'sche oder hofkriegsräthliche Intriguen witterte, die nicht vorhanden waren. Wäre er in der Rolle eines Hilfscorps-Commandanten geblieben, vielleicht hätte er sie gut zu Ende geführt. Er aber mischte sich nicht als österreichischer, sondern als kaiserlich russischer Marschall in alle Anordnungen des deutschen Kaisers. Der österreichische Einfluss in Italien war ihm gleichgiltig, da ihm der russische über Alles galt. Vornehmlich in politische und administrative Dinge suchte er sich einzumengen. Die von österreichischen Truppen wiedereroberte Lombardie, ein österreichisches Erbland und deutsches Reichslehen, wollte er dem König von Piemont verschenken und berief diesen aus Cagliari nach Turin, obwohl er recht gut wusste, dass der König von Sardinien durch sein Benehmen während der vorangegangenen Feldzüge, ja durch seinen offenen Verrath an der Coalition längst jede Rücksicht Österreichs verscherzt hatte. Als ihm der Kaiser, wie billig, hierüber sein Erstaunen ausdrückte und ihn darauf aufmerksam machte, dass ähnliche Eigenmächtigkeiten den österreichischen Interessen widerstrebten, da klagte er seinem Hofe, dass die russischen Interessen den österreichischen in Italien geopfert würden!

Kaiser Paul erkannte gar bald den begangenen Fehler, alle seine Truppen in schwache Hilfscorps am Continent zerstreut zu haben. Er fasste mit England den Plan, das Corps Suworow's mit jenem Korssakoff's in der Schweiz zu vereinigen. Rehbinder sollte in Italien das russische Allianz-Corps für Österreich und Neapel bilden. Suworow dagegen sollte nach Vereinigung aller russischen Truppen aus der Schweiz gegen Paris, in das Herz von Frankreich vordringen. In diesem kühnen, dem Kopfe des russischen Kaisers selbständig entsprungenen Plan fand aber Suworow nichts weiter als neue österreichische Intriguen der Dietrichstein, Cobenzl und Thugut! Er befolgte den Befehl seines Kaisers nur missmuthig und erbat sich schon im August 1799 seinen

Abschied. Und wie oft schlägt in seinen Berichten an den Czaren der Wunsch durch, mit den Truppen den Rückmarsch nach Russland antreten zu dürfen, da sie ja doch nur für österreichische Interessen kämpften! Unter solchen Verhältnissen nahmen die Missverständnisse natürlich immer mehr und mehr zu. Paul zeterte und donnerte mit seinem Feldherrn gegen Österreichs Tücke, gegen Kaiser Franz und seine Minister und sanctionirte fast zur selben Zeit, als er sich mit dem Plan trug seine Russen nach Paris zu schicken, den Rückzug seiner Armee nach Russland, gerade im Augenblick, da sich endlich durch die Vereinigung seiner zwei Armeen Manches besser zu gestalten schien. Auch das Grosskreuz des Theresienordens und eine jährliche Apanage von 20.000 fl., die Kaiser Franz dem russischen Feldherrn verlieh, schienen dem russischen Kaiser keine genügende Anerkennung der unsterblichen Verdienste, die sich der russische Fürst Italinsky um Österreich erworben hatte! — Es ist wichtig, endlich die Quelle der Übel des unglücklichen Ausganges des Feldzuges von 1799 kennen zu lernen und in ihrem Ursprung festzustellen; ebenso wichtig ist es aber, in der Geschichte unseres Vaterlandes zu constatiren, dass Österreich an dem verhängnissvollen Zerwürfnisse mit Russland keine Schuld trug, und das ganze Unheil hauptsächlich in der gekränkten Eitelkeit Suworow's und in dem Wahnsinn des russischen Czaren gewurzelt hat, der, eine besondere Art von Tamerlan, von St. Petersburg aus sich mit den **Türken** verbinden, **Frankreich** bekriegen, **Neapel** und **Malta** beherrschen, **England** verachten und dem **deutschen** Kaiser und **Österreich** Gesetze dictiren wollte! —

# Historische Werke
aus dem Verlage von
**Wilhelm Braumüller,** k. k. Hof- und Universitätsbuchhändler in **Wien.**

**Hurter, Friedrich von,** k. k. wirklicher Hofrath und Reichshistoriograph. **Französische Feindseligkeiten gegen das Haus Oesterreich** zur Zeit Kaiser Ferdinands II. gr. 8. 1859. 75 kr. — 15 Ngr.

— — **Friedensbestrebungen Kaiser Ferdinands II.** Nebst des apostolischen Nuntius Carl Carafa Bericht über Ferdinand's Lebensweise, Familie, Hof, Räthe und Politik. gr. 8. 1860. 2 fl. — 1 Thlr. 10 Ngr.

— — **Wallenstein's vier letzte Lebensjahre.** gr. 8. 1862.
5 fl. — 3 Thlr. 10 Ngr.

**Kuenzel, Heinrich. Das Leben und der Briefwechsel des Landgrafen Georg von Hessen-Darmstadt,** des Eroberers und Vertheidigers von Gibraltar. Ein Beitrag zur Geschichte des spanischen Successionskrieges, zur Memoirenliteratur des 17. und 18. Jahrhunderts und zur hessischen Landesgeschichte. Mit dem Bildnisse des Landgrafen Georg und der Admiralitätskarte von Gibraltar. Neue Ausgabe. gr. 8. 1869.
4 fl. 50 kr. — 3 Thlr.

**Lorenz, Ottokar,** Professor an der k. k. Universität in Wien. **Josef II. und die belgische Revolution.** Nach den Papieren des General-Gouverneurs Grafen Murray. (1787.) gr. 8. 1862. 60 kr. — 12 Ngr.

— — **Geschichte König Ottokar's von Böhmen** und seiner Zeit. gr. 8. 1866.
7 fl. — 4 Thlr. 20 Ngr.

**Prokesch, A.,** Oberlieutenant im k. k. österreichischen Generalstabe. **Denkwürdigkeiten aus dem Leben des Feldmarschalls Fürsten Carl zu Schwarzenberg.** Neue Ausgabe. Mit einem einleitenden Vorworte des Verfassers, des jetzigen k. k. Feldzeugmeisters und Botschafters Anton Freiherrn von Prokesch-Osten. Mit Porträt. 8. 1861.
2 fl. — 1 Thlr. 10 Ngr.

**Radics, P. von, Herbard VIII. Freiherr zu Auersperg** (1528 bis 1575), ein krainischer Held und Staatsmann. Mit einer Einleitung: Die Auersperge in Krain, einem Porträt und der facsimilirten Handschrift Herbard's. gr. 8. 1862. 4 fl. — 2 Thlr. 20 Ngr.

**Thielen, Maximilian Ritter von,** k. k. Major. **Erinnerungen aus dem Kriegerleben eines 82jährigen Veteranen** der österreichischen Armee mit besonderer Bezugnahme auf die Feldzüge der Jahre 1805, 1809, 1813, 1814, 1815; nebst einem Anhange, die Politik Oesterreichs vom Jahre 1809 bis 1814 betreffend. Mit dem Porträt des Feldmarschalls Fürsten Carl zu Schwarzenberg. gr. 8. 1863. 3 fl. 50 kr. — 2 Thlr. 10 Ngr.

— — **Der Feldzug der verbündeten Heere Europas 1814 in Frankreich** unter dem Oberbefehle des k. k. Feldmarschalls Fürsten Carl zu Schwarzenberg. Nach authentischen österreichischen Quellen dargestellt. Mit 2 Uebersichtskarten. gr. 8. 1856. 3 fl. — 2 Thlr.

Druck von R. v. Waldheim.

www.ingramcontent.com/pod-product-compliance
Lightning Source LLC
Chambersburg PA
CBHW020937230426
43666CB00008B/1706